আলিবাবা আর চল্লিশ চোর

Ali Baba *and* *the* Forty Thieves

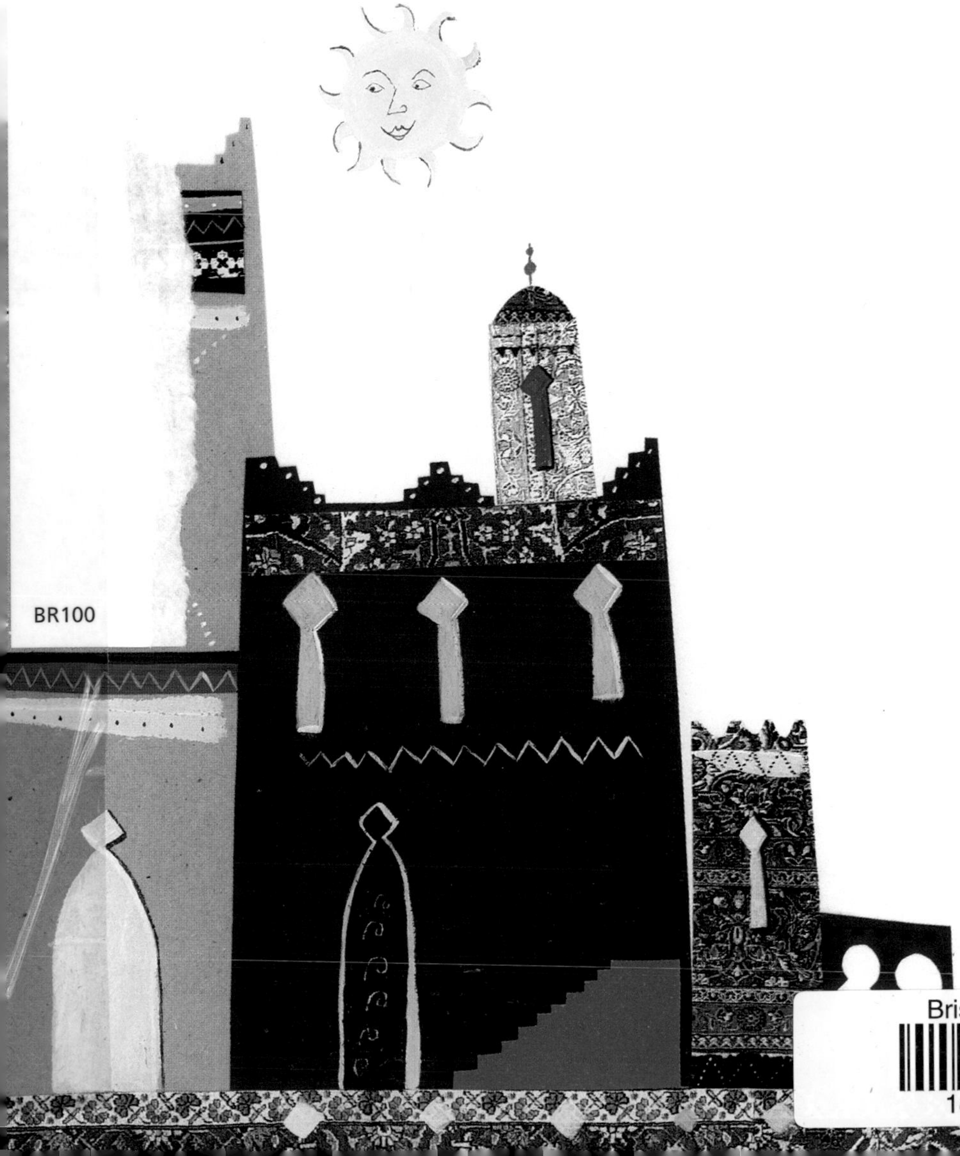

Retold by Enebor Attard

Illustrated by Richard Holland

Bengali translation by Sujata Banerjee

Mantra Lingua

অনেকদিন আগে আরব দেশে, এক পূর্ণিমার রাতে, আলিবাবা তার জ্বালানির কাঠ জোগার করবার সময় এক অদ্ভুত ব্যাপার দেখে। মেঘের গর্জনের মত এক বিরাট আওয়াজ। কিন্তু সেই আওয়াজ আকাশ থেকে না, মাটির ভিতর থেকে আসছে।

A long time ago in Arabia, on a full moon night, Ali Baba noticed something very strange as he gathered firewood. A rumbling sound, like thunder, came not from the sky, but from below the earth.

আলিবাবা তাজ্জব হয়ে তাকিয়ে দেখে, এক বিশাল পাথর নিজের থেকে সড়ে যায় আর এক অন্ধকার গুহার পথ বেরিয়ে আসে।

And to Ali Baba's astonishment, a gigantic rock
rolled across on its very own, revealing a dark cave.

চাঁদের আলোয় পাথরের উপর নানা রকম ছায়া দেখা যায়। আলিবাবার মনে হয় সে যেন একা নয়। সে চুপি চুপি এগিয়ে যেতে গিয়ে আর একটু হলেই একদল ঘোড়ার গায়ে ধাক্কা লেগে পড়ে যাছিল। আলিবাবা লুকিয়ে পরতেই, আলখাল্লায় মাথামুড়ি দিয়ে একদল চোর বেরিয়ে তার দিকেই যেন এগিয়ে আসে।

The moonlight sent strange shadows across the rocks. Ali Baba felt he was not alone. He crept closer and nearly fell upon a pack of horses waiting for their riders. Ali Baba hid and it was not long before a bunch of shadowy cloaks and hoods came out of the cave towards him.

এই সব চোরেরা তাদের লিডার, কা-ইদের জন্য বাইরে দাঁড়িয়ে অপেক্ষা করছে। কা-ইদ্ বাইরে এসে, আকাশের তারাদের দিকে তাকিয়ে জোরে বলে, ‘বন্ধ কর সেসেমি!’ আর সেই বিশাল পাথর নড়ে উঠে আস্তে আস্তে আবার সড়ে আসে আর সেই গুহার মুখ বন্ধ করে দেয়। লুকিয়ে রাখে এর সমস্ত গোপন কথা পৃথিবীর সকলের থেকে ... কিন্তু শুধুমাত্র পারেনা আলিবাবার কাছে।

They were thieves waiting outside for Ka-eed, their leader.
When Ka-eed appeared, he looked towards the stars and howled out, “Close Sesame!”
The huge rock shook and then slowly rolled back, closing the mouth of the cave, hiding its secret from the whole world... apart from Ali Baba.

সব লোক একটু দুরে চলে যেতেই আলিবাবা সেই পাথরের কাছে গিয়ে জোরে এক ধাক্কা দেয়।
কিন্তু সেই পাথর এক ফোঁটাও নড়ে না, যেন পৃথিবীর কোন কিছু একে কোনদিনই নড়াতে পারবেনা।
'খুলে যাও সেসেমি!' আলিবাবা ফিস্ ফিস্ করে বলে।
আস্তে আস্তে সেই পাথর সড়ে যায় আর সেই গভীর অন্ধকার গুহার পথ বেরিয়ে আসে। আলিবাবা নিঃশব্দে চলার চেষ্টা করে কিন্তু তার প্রতি পদক্ষেপের শব্দ সারা গুহাতে খুব জোরে ইকো হতে থাকল। সে হোচট খেয়ে পড়ে। তারপর এদিক ওদিকে ধাক্কা খেয়ে, গড়িয়ে গড়িয়ে শেষে এক দামী সিল্কের কাজকরা কার্পেটের স্তুপের উপর এসে পড়ে। তার চারদিকে বস্তা বস্তা সোনা আর রুপোর সব টাকা, বড় বড় কাচের জাগে সব হীরে আর পান্না। বিশাল বিশাল ফুলদানি ভর্তি আরও কত সোনার টাকা।

When the men were out of sight, Ali Baba gave the rock a mighty push.
It was firmly stuck, as if nothing in the world could ever move it.
"Open Sesame!" Ali Baba whispered.
Slowly the rock rolled away, revealing the dark deep cave. Ali Baba tried to move quietly but each footstep made a loud hollow sound that echoed everywhere.
Then he tripped. Tumbling over and over and over he landed on a pile of richly embroidered silk carpets. Around him were sacks of gold and silver coins, jars of diamond and emerald jewels, and huge vases filled with... even more gold coins!

‘এটা কি স্বপ্ন?’ আলিবাবা অবাক হয়ে ভাবে। সে হীরের একটি হার তোলে আর সেই ঝক্‌মকে তার চোখ যেন ধাঁধিয়ে যায়। সে তা গলায় পরে। তারপর আর একটা পরে এবং আরও একটা। মোজার মধ্যে সে ভরে সব মনিমুক্তা। সবগুলো পকেটে সে এমন ঠেসে সোনার টাকা ভরেছে, যে চলতেই পারছে না।
কোন রকমে সে গুহার বাইরে এসে বলে,‘বন্ধ কর সেসেমি!’ আর সেই পাথর শক্ত ভাবে বন্ধ হয়ে যায়।
ভাবতেই পারছ যে আলিবাবার বাড়ি ফিরতে কত সময় লাগল! সমস্ত কিছু দেখে তার বৌ আনন্দে কেঁদে ফেলে। এখন সারা জীবনের মত যথেষ্ট টাকা-পয়সা তাদের হয়েছে।

“Is this a dream?” wondered Ali Baba. He picked up a diamond necklace and the sparkle hurt his eyes. He put it around his neck. Then he clipped on another, and another. He filled his socks with jewels. He stuffed every pocket with so much gold that he could barely drag himself out of the cave.
Once outside, he turned and called: “Close Sesame!” and the rock shut tight.
As you can imagine Ali Baba took a long time to get home. When his wife saw the load she wept with joy. Now, there was enough money for a whole lifetime!

পরেরদিন আলিবাবা তার ভাই কাসিমকে যা যা হয়েছে, সব কথা খুলে বলে।
'ওই গুহার কাছে খবরদার যেওনা,' কাসিম তাকে সাবধান করে দেয়। 'ওই জায়গা খুবই সাংঘাতিক।'
কাসিম কি সত্যি সত্যি তার ভাই এর জন্য ভাবে? না - না মোটেও না।

The next day, Ali Baba told his brother, Cassim, what had happened.
"Stay away from that cave," Cassim warned. "It is too dangerous."
Was Cassim worried about his brother's safety? No, not at all.

সেই রাতে, যখন সকলে গভীর ঘুমে, কাসিম তখন চুপিচুপি তিনটে গাধা নিয়ে গ্রামের বাইরে বেরিয়ে পরল। সেই ম্যাজিক জায়গাটায় গিয়ে সে বলে, 'খুলে যাও সেসেমি!' আর সেই পাথর সড়ে গেল। প্রথম দুটো গাধা সোজা ঢুকে পরল, কিন্তু তৃতীয় গাধাটা কিছুতেই ভিতরে গেলনা। কাসিম তাকে টানতে টানতে, চাবুকের ঘা দিয়ে, চেঁচিয়ে কোন রকমে ভিতরে নিয়ে গেল। কিন্তু গাধাটা রেগে গিয়ে সেই পাথরের গায়ে এমন জোরে এক লাথি মারল যে পাথরটা ঘস্ ঘস্ করে বন্ধ হয়ে গেল। 'এদিকে আয় বলছি বোকা গাধা,' কাসিম রেগেমেগে বলে।

That night, when everyone was asleep, Cassim slipped out of the village with three donkeys. At the magic spot he called, "Open Sesame!" and the rock rolled open.
The first two donkeys went in, but the third refused to budge. Cassim tugged and tugged, whipped and screamed until the poor beast gave in. But the donkey was so angry that it gave an almighty kick against the rock and slowly the rock crunched shut.
"Come on you stupid animal," growled Cassim.

গুহার ভিতরে ঢুকে কাসিম সব দেখে আনন্দে হতভম্ব। সে একের পর এক ব্যাগের মধ্যে সব মনিমানিক্য ভরে গাধার পিঠে উচু করে চাপাতে থাকল। যখন কাসিম আর নিতে পারছেনা তখন ঠিক করল যে বাসায় যাবে। সে জোরে চেঁচিয়ে বলে, ‘খুলে যাও ক্যাস-উই!’ কিন্তু কিছু হোলনা।
‘খুলে যাও অল্‌মনি!’ কিন্তু এবারও কিছু হোলনা।
‘খুলে যাও পিস্তাচি!’ কিন্তু কিছু হোলনা।
কাসিম এবার মরিয়া হয়ে উঠল। সে চেঁচিয়ে, গালিগালাজ করে, কত কি চেষ্ঠা করল। কিন্তু কিছুতেই তার মনে পরছেনা ‘সেসেমি’!
কাসিম আর তিন গাধা এবার ফাঁদে আটকালো।

Inside, an amazed Cassim gasped with pleasure. He quickly filled bag after bag, and piled them high on the poor donkeys. When Cassim couldn’t grab anymore, he decided to go home. He called out aloud, “Open Cashewie!” Nothing happened.
“Open Almony!” he called. Again, nothing.
“Open Pistachi!” Still nothing.
Cassim became desperate. He screamed and cursed as he tried every way possible, but he just could not remember “Sesame”!
Cassim and his three donkeys were trapped.

পরের দিন সকালে আলিবাবার ভাবি কাঁদতে কাঁদতে তার বাসায় আসে। 'কাসিম সাহেব কাল রাতে বাসায় ফেরেনি,' বলে, সে খুব কাঁদতে থাকল। 'কোথায় তিনি? ওরে কেউ আমায় বল তিনি কোথায়?'
আলিবাবা খুবই অবাক। সে সমস্ত জায়গায় তার ভাইকে খুঁজতে খুঁজতে একেবারে ক্লান্ত হয়ে পরে। কাসিম কোথায় যেতে পারে? কিন্তু তারপরই তার মনে হয়। তখন সে সেই পাথরের জায়গায় যায়। কাসিমের মৃতদেহ গুহার বাইরে ফেলা। চোরেরা তাকে আগেই দেখতে পেয়ে গিয়েছিল। তার ভাই-এর ভারী শরীরটা বয়ে আনতে আনতে আলিবাবা ভারে যে, 'কাসিমকে খুব তাড়াতাড়িই কবর দেবার ব্যাবস্থা করতে হবে।'

Next morning a very upset sister-in-law came knocking on Ali Baba's door. "Cassim has not come home," she sobbed. "Where is he? Oh, where is he?"
Ali Baba was shocked. He searched everywhere for his brother until he was completely exhausted. Where could Cassim be?
Then he remembered.
He went to the place where the rock was. Cassim's lifeless body lay outside the cave. The thieves had found him first.
"Cassim must be buried quickly," thought Ali Baba, carrying his brother's heavy body home.

চোরেরা ফিরে এসে কাসিমের মৃতদেহ আর দেখতে পায়না। হয়তো কোন বন্যজন্তু তার শরীরটা টেনে নিয়ে গেছে। কিন্তু আরে! এ যে দেখি পায়ের দাগ! 'তাহলে আমাদের এই গোপন ব্যাপারটা আরও একজন কেউ জানে,' রাগে টগবগ করে কা-ইদ্‌ চিৎকার করে। 'তাকেও হত্যা করতে হবে।'

চোরেরা পায়ের দাগ দেখে দেখে সোজা কবরে যাওয়ার মিছিলের সামনে চলে আসে। সেই মিছিলের সকলেই আলিবাবার বাড়ির দিকেই যাচ্ছিল।

'এই বাড়িটাই হবে,' এই ভেবে কা-ইদ্‌ চুপি চুপি বাড়ির সামনের দরজায় চক্‌ দিয়ে একটা গোল দাগ কেটে দেয়। 'আজ রাতে যখন সকলে ঘুমিয়ে পড়বে, তখন আমি এসে একে হত্যা করবো।'

কিন্তু কা-ইদ্‌ বুঝতেই পারেনি যে তাকেও কেউ একজন দেখে ফেলেছে।

When the thieves returned they could not find the body. Perhaps wild animals had carried Cassim away. But what were these footprints?
"Someone else knows of our secret," screamed Ka-eed, wild with anger. "He too must be killed!"
The thieves followed the footprints straight to the funeral procession which was already heading towards Ali Baba's house.
"This must be it," thought Ka-eed, silently marking a white circle on the front door. "I'll kill him tonight, when everyone is asleep."
But Ka-eed was not to know that someone had seen him.

বাড়ির চাক্রানি, মর্জিয়ানা, তাকে দেখেছিল। তার মনে হয় এ নিশ্চয় কোন পাজিলোক। 'এই গোল দাগেরই বা কি মানে হতে পারে?' সে দাঁড়িয়ে ভাবতে থাকে। কা-ইদের চলে যাওয়ার অপেক্ষাই করছিল সে। তারপর মর্জিয়ানা একটা দারুন চালাকি করে। একটা চক এনে সে সারা গ্রামের সব বাড়িতে ঐ রকমের সাদা গোল দাগ কেটে দেয়।

The servant girl, Morgianna, was watching him. She felt this strange man was evil. "Whatever could this circle mean?" she wondered and waited for Ka-eed to leave. Then Morgianna did something really clever. Fetching some chalk she marked every door in the village with the same white circle.

That night the thieves silently entered the village when everyone was fast asleep.

"Here is the house," whispered one.

"No, here it is," said another.

"What are you saying? It is here," cried a third thief.

Ka-eed was confused. Something had gone terribly wrong, and he ordered his thieves to retreat.

সেই রাতে সকলে যখন গভীর ঘুমে, চোরেরা চুপি চুপি গ্রামে আসে।

'এই সেই বাড়ি,' একজন ফিস্ ফিস্ করে বলে।

'আরে না, এটা এদিকে,' আর একজন বলে।

'তোরা কি যে বলিস? এটা হোল সেই বাড়ি,' তৃতীয় চোর জোরে বলে।

কা-ইদ্ একেবারে হতভম্ব। কিছু একটা গন্ডোগোল হয়েছে। সে তার চোরের দলকে ফিরে যেতে বলে।

পরের দিন ভোরে কা-ইদ্‌ আবার ফিরে আসে।
তার লম্বা ছায়া আলিবাবার বাড়ির গায়ে পরতেই সে চিনতে পারলো সেই গোল দাগ
যা গত রাত্রে খুঁজেই পাচ্ছিলনা। সে এক ফন্দি করে। সে আলিবাবাকে খুব সুন্দর রঙ
করা চল্লিশটা পিপে দেবে। কিন্তু প্রত্যেক পিপেতে থাকবে এক একটা চোর। তারা
তলোয়ার নিয়ে একেবারে তৈরী থাকবে।
সেই দিন দুপুরের দিকে, আলিবাবার বাড়ির সামনে এক গাড়ি উট্‌, ঘোড়া আর
টানাগাড়ি দেখে মর্জিয়ানা তো খুব অবাক।

Early next morning Ka-eed came back.
His long shadow fell on Ali Baba's house and Ka-eed knew that *this*
was the circle he could not find the night before. He thought of a plan.
He would present Ali Baba with forty beautifully painted barrels.
But inside each barrel would be one thief, with his sword ready, waiting.
Later that day, Morgianna was surprised to see a caravan of camels,
horses and carriages draw up in front of Ali Baba's house.

একজন লোক তার গায়ে একটি বেগুনী ফতুয়া আর মাথায় রাজকিয় পাগরী, সে তার মনিবের সাথে দেখা করতে এসেছে। লোকটি বলে, 'আলিবাবা, আপনি খুবই গুনীলোক। আপনার ভাইকে আপনি যেভাবে ঐ সমস্ত বন্যজন্তুর খপ্পর থেকে বাঁচিয়েছেন, তা কিন্তু খুবই সাহসের। আপনার পুরস্কার পাওয়া উচিৎ। আমার 'শেখ', কুর্গুস্থানের জনাব, আপনাকে চল্লিশটি অসাধারণ সুন্দর মনিমুক্তো ভর্তি পিপে পাঠিয়েছেন।'

তোমরা বুঝতেই পারছ যে আলিবাবা ছিল খুব এক সাধাসিধে লোক। সে খুব হাসি মুখে ঐ সমস্ত উপহার গ্রহণ করল। 'দেখ, মর্জিয়ানা, দেখ আমি কি দারুন সব জিনিষ পেয়েছি,' সে বলে।

কিন্তু মর্জিয়ানার মনে সন্দেহ হয়। তার মন বলে যে কিছু একটা বিপদ ঘটতে পারে।

A man in purple robes and magnificent turban called on her master.

"Ali Baba," the man said. "You are gifted. Finding and saving your brother from the fangs of wild animals is indeed a courageous act. You must be rewarded.

My sheikh, the noble of Kurgoostan, presents you with forty barrels of his most exquisite jewels."

You probably know by now that Ali Baba was not very clever and he accepted the gift with a wide grin.

"Look, Morgianna, look what I have been given," he said.

But Morgianna was not sure. She felt something terrible was going to happen.

সে ডাকে, কা-ইদ্ চলে যাওয়ার সাথেসাথেই, ‘ঝটপট্ আসুন। তিন উট ভর্তি একেবারে টগ্‌বগ্ করে ফুটছে এমন তেল আমার চাই। তাড়াতাড়ি করুন। বাকি কথা আমি সব পরে বলব।’ তখুনি আলিবাবা ঐ তেল নিয়ে আনে। হাজার জ্বলন্ত কয়লার আগুন থেকে নামানো তেল টগ্‌বগ্ করে ফুটছে। মর্জিয়ানা এক বালতিতে ঐ সাংঘাতিক তেল ভরে প্রথম পিপের মধ্যে ঢেলে দিয়ে তার ঢাকনাটা বন্ধ করে দেয়। খুব জোরে নড়েচড়ে সেই পিপে প্রায় উল্টেই যায়। তারপর একদম চুপ। মর্জিয়ানা পিপের ঢাকনাটা তুলতে আলিবাবা দেখে তারমধ্যে জ্বলেপুরে মরা এক ডাকাত! এই মতলব করে, আলিবাবার সাহায্যে মর্জিয়ানা সব ডাকাতদের ঐ একইভাবে মেরে ফেলে।

“Quick,” she called, after Ka-eed had left. “Boil me three camel-loads of oil until the smoke rises out of the pots. Quick, I say, before it is too late. I will explain later.”

Soon Ali Baba brought the oil, spluttering and hissing from the flames of a thousand burning coals. Morgianna filled a bucket with the evil liquid and poured it into the first barrel, shutting the lid tight. It shook violently, nearly toppling over. Then it became still. Morgianna quietly opened the lid and Ali Baba saw one very dead robber!

Convinced of the plot, Ali Baba helped Morgianna kill all the robbers in the same way.

সেইদিন সন্ধেবেলা কা-ইদ্ আলিবাবার সাথে রাতের ভোজন করতে আসে। রুটি আর বিশেষ পদ্ধতিতে রান্না মাংস তারা গব্ গব্ করে খায়। তারা সমস্ত দামী দামী ফলের ঘন রস পান করে। কিন্তু সেই সন্ধার বিশেষ আর্কষণ হোল, মর্জিয়ানার নাচ! বেচারা কা-ইদ্, কোন সুযোগই পায়না। ঐ তেলঘিতে রান্না করা খাবার খেয়ে সে হেউ হেউ করে ঢেকুর তুলতে থাকে। তারপর মর্জিয়ানা ঘুরে ঘুরে এগিয়ে আসতে শুরু করলে, তার চোখও ঘুরতে ঘুরতে কপালে উঠে যায়। তারপর হটাৎ সে বুঝতে পারে যে হীরে বসানো এক ছুরি তার বুকের মধ্যে ঢুকিয়ে দেওয়া হয়েছে।

That evening Ka-eed arrived to feast with Ali Baba.
They gorged on meats and breads cooked in wonderful ways.
They drank the rich nectar of sumptuous fruits.
But the highlight was Morgianna's dance! Poor Ka-eed did not
have a chance. Belching with the rich food, his eyes rolled
round and round watching Morgianna spin closer and closer.
Then all of a sudden, he felt a diamond studded dagger plunge
into the depths of his heart.

পরের দিন আলিবাবা সেই পাথরের জায়গায় যায়। সেই গুহার ভিতরের সমস্ত টাকা-পয়সা, হীরা-মুক্তা-পান্না-চুনি খালি করে নিয়ে বেড়িয়ে শেষ বার বলে, 'বন্ধ কর সেসেমি!' ঐ সমস্ত হীরে-মুক্তা সে লোকেদের বিলিয়ে দেয় আর তারা আলিবাবাকে তাদের নেতা বানায়। আর আলিবাবা মর্জিয়ানাকে বানায় তার প্রধান বুদ্ধিদাতা।

The next day Ali Baba returned to the place where the rock was. He emptied the cave of its secret coins and jewels and he called out, "Close Sesame!" for the last time. He gave all the jewels to the people, who made Ali Baba their leader. And Ali Baba made Morgianna his chief adviser.